VESTIGES

DANS LES LANGUES EUROPÉENNES

DES

INVASIONS ORIENTALES

*Lu au Congrès des Orientalistes à Saint-Etienne en Forez
(session de 1875),*

PAR

Félix MICHALOWSKI.

SAINT-ETIENNE

IMPRIMERIE DE THÉOLIER FRÈRES

Rue Gérentet, 42.

1876

VESTIGES

DANS LES LANGUES EUROPÉENNES

DES

INVASIONS ORIENTALES

Lu au Congrès des Orientalistes à Saint-Étienne en Forez
(session de 1875),

PAR

Félix MICHALOWSKI.

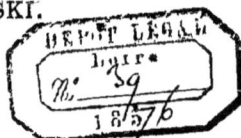

SAINT-ÉTIENNE
IMPRIMERIE DE THÉOLIER FRÈRES,
Rue Gérentet, 12.

—

1876

ABRÉVIATIONS :

Cf.	signifie	....	comparez.
l.	—	....	lisez.
—	—	....	l'égalité.
al.	—	....	allemand.
b.	—	....	breton.
cz.	—	....	tchekhe.
esp.	—	....	espagnol.
f.	—	....	finois.
fr.	—	....	français.
got.	—	....	gothique.
it.	—	....	italien.
lat.	—	....	latin.
l.		....	lithuanien.
m.	—	....	magiar.
p.	—	....	polonais.
r.	—	....	russe.
sans.	—	....	sanscrit.
sc.	—	....	scandinave.
s.	—	....	slave.
s. ec.	—	....	slave ecclésiastique.
y. s.		....	yugo-slave.
sr.	—	....	serbe.
sor.	—	....	sorabe.
t.	—	....	tchoude.

Ou la langue n'est point marquée le mot appartient à plusieurs
dialectes slaves.

VESTIGES

DANS LES LANGUES EUROPÉENNES

DES

INVASIONS ORIENTALES

On dit qu'un instinct mystérieux, comme celui·qui·gou-
verne les oiseaux .voyageurs, pousse les flots humains à
suivre l'astre radieux. Il est vrai, toutes nos grandes
invasions nous sont venues de l'Orient ; mais il se pourrait que cela tînt, moins au besoin de courir· après le
soleil; qu'à notre situation à l'égard de la vaste terre qui
a toujours été l'officine des Barbares.

Entourée d'océan aux trois quarts, l'Europe n'est ac-
cessible · aux Asiatiques que par sa frontière de l'Est ;
voilà pourquoi les nomades des steppes désolées entre
la Caspienne et les rives de Baïkal (que déjà le Zend

Avesta peuplait de monstres soumis à Ahriman) ont toujours suivi le soleil pour venir piller nos contrées

Il est presque certain que ces hordes barbares foulaient
l'Europe dès la plus haute antiquité, y empêchant tout
progrès durant ces milliers d'années où l'Egypte, par
exemple, en a fait de si grands. Elles l'occupaient au
commencement de l'ère historique, au moins jusqu'au
Dniéper. Les exploits des Hoplites et la terreur des
Légions en ont préservé le monde greco-latin ; on sait
qu'à la longue, la défaillance de l'aigle impériale a permis aux Barbares de le saccager trois siècles et de le
mettre en pièces.

L'étincelle expirante de la civilisation, rallumée au
moyen âge par le souffle des Apôtres de la croix, les
Piastes et les Jagellons en devinrent les gardiens ; Sobieski
fit crouler la puissance ottomane il y a deux siècles à
peine. Sous leur égide l'Europe put respirer en paix relative : nos guerres intestines, même les plus implacables,
ne sont que des tempêtes d'une journée d'été auprès des
invasions touraniennes.

Mais cette trève séculaire, qui seule a permis aux mer-
veilles de la civilisation chrétienne de prendre leur essor,
pourrait bien expirer. Sous forme de nationalités diverses,
se dissimulent toujours les frères ennemis : Caïn et Abel,
les pasteurs et les laboureurs, se combattant à outrance ;
ce qui est, peut-être, le seul frein efficace des passions
chimériques, qu'une trop longue sécurité engendre in-
failliblement. A défaut de préoccupations viriles et légi-
times.... on met le feu aux monuments, on renverse ceux
de bronze. Et sommes-nous à la fin de ces démences
civiles ou seulement au début? « L'enchevêtrement des
questions sociales et politiques est devenu tel, qu'on vou-

dra tout trancher, en supprimant tout. » (1) Un remède
réservé aux cas désespérés, brusque, sanglant, terrible à
tous, au besoin y mettra ordre.

L'attrait du gain, *auri sacra fames*, a tourné la tête aux
peuples les plus civilisés du côté de cet Orient néfaste, et
les a conduits finalement à réveiller le chat féroce qui
dormait depuis le moyen âge. Ils sont là-bas six, sept,
peut-être huit cents millions d'hommes, qu'on peut dire
a demi-barbares sans manquer de charité. Les massacres
sans trêve et sans merci, les pestes et les famines pério-
diques, les vices des gouvernements absolus, maintenaient
la fourmilière à ce chiffre redoutable depuis nombre de
siècles. Délivrée par nous des fléaux qui la dévorent, elle
doublera : comme la population européenne a plus que
doublé elle-même, depuis la fin des guerres religieuses.
Celle d'Irlande a quadruplé, en cinquante ans, avec l'in-
troduction de la pomme de terre. Instruits, armés de bons
fusils, dressés à la prussienne, ventres et cerveaux de loups
réunis en bande pour attaquer le troupeau, ils viendront
demander compte de l'incendie du Palais d'été.

Je possède une théière en marbre magnésien provenant
du sac de ce palais. Nous sommes quelques vieux amis,
soucieux de l'avenir, qui aimons à deviser autour, la
neige fouettant les vitres. Ce trophée de Pa-Li-Kao, à force
d'être interrogé, nous a revélé un terrible secret. L'an
2000, l'Europe sera à feu et à sang; le flot destructeur
en submergera au moins le rivage. Aussi bien la Bible
attribue le déluge au forfait de Caïn.

Laissons l'avenir à Dieu : je dois au contraire interroger
le passé. La curiosité du passé, le réveil et la résurrection

(1) M. Thiers.

de tout ce qui semblait enseveli et perdu à jamais, est la grande idée de notre époque.

D'où viennent les idées qui déterminent le progrès, si imprévues quelquefois la veille de leur apparition ? Faut-il y voir seulement le produit de notre travail lentement accumulé, — ou le grain semé, un FIAT LUX, qui murit de lui-même pour peu que l'on s'y prête ? « L'Esprit souffle où il veut et nul ne sait d'où il vient... »

Le XVIe siècle voit éclore en Italie l'ivresse du beau, floraison d'une renaissance inespérée alors et imminente.

Le XVIIe fait surgir l'esprit scientifique, la méthode et le goût ; et paye avec le sang la liberté de penser.

Le XVIIIe rompt en visière avec les errements du moyen âge, et arborant le drapeau du progrès, établit l'égalité devant la loi, et la plus nécessaire des libertés, celle du travail.

Le XIXe, le nôtre, commence une ère nouvelle, NOVUS RERUM NASCITUR ORDO, avec la dernière conquête sur le vieil esprit d'Orient autocrate et carnassier, avec le droit des nationalités reconnu en principe, scellé à Magenta. Le succès éphémère de l'odieux brigandage organisé sous ce prétexte, ne fera qu'en hâter l'avénement.

Une explosion inouie de progrès matériels annonce cet âge radieux, où sous l'égide du droit naturel respecté, le génie de chaque nation pourra s'épanouir librement— seul chemin qui conduise à l'ACCOMPLISSEMENT DE L'HOMME. L'arbre de la science donne enfin quelques fruits mûrs ; l'homme met la main sur les forces naturelles et tente de reconnaître son triple domaine, du temps, de l'espace et de l'esprit. Tout en sondant, avec le spectroscope et le calcul, les corps célestes et les gouffres de petitesse infinie où circulent les atômes ; en constatant ce grand miracle que pas un atôme ne se perd, pas un mouvement ne disparaît : on scrute, on dévoile les origines de tout. Cuvier, Champollion, Boucher de Perthes, commencent à déchiffrer les archives fossiles de la terre et de l'homme; le siècle se précipite sur leurs pas. Non-seulement les maîtres de la science poursuivent, de toutes parts, les travaux ébauchés, mais c'est devenu la grande affaire, la tâche bien-aimée de volontaires sans nombre. On fouille, on interroge toutes les vieilleries, les vieilles cavernes et les anciens terrains, les palimpsestes et les papyrus, les écritures cunéiformes et les contes de nourrice, les ruines de Ninive et de Khmer. On collectionne les ossements des générations éteintes : il arrive qu'on profane leurs dépouilles. N'a-t-on pas vu a l'exposition de 1867 mettre devant mille yeux la momie toute nue, et rompre la feuille d'or de silence éternel, sur les lèvres desséchées de la mère des Rhamzès ?

Attaché a la glèbe d'une profession exigeante, je n'ai pu fouiller que quelques dictionnaires. Appelé, à titre de participant au cénacle littéraire de Saint-Etienne, au bureau du Congrès, je ne peux lui offrir, pour notre lot, qu'un certain nombre de vieux mots relatifs a cet Orient qu'on célèbre ici avec tant d'entrain.

I.

L'Ogre d'abord en vient en droite ligne, en dépit des
philologues qui le tirent savamment de l'enfer, de l'Orcus
étrusque, sans se douter que les Hongrois s'appellent réellement én pays slaves, où ils sont bien connus, Ougres
et Ogres, en toutes lettres. Le reflet légendaire et sinistre
de ce nom, l'histoire l'explique suffisamment :

« Le X° siècle était la fin du monde. Jamais le temps
ne fut plus sombre. Les conquêtes de l'Islam sèment l'é-
pouvante, les Normands désolent les mers. Les Hongrois
plus nombreux, plus sauvages, plus cruels que Normands
et Sarrasins, massacrent tout, brûlent simultanément Brême
sur la mer du Nord et le monastère de Saint-Gall en Suisse.
Ils dévastent la France méridionale, passent les Alpes,
livrent aux flammes la splendide Pavie, et, après avoir
saccagé la campagne romaine, poussent les ravages jusqu'au détroit de Messine. Depuis leur première invasion
en 884, jusqu'à leur défaite en 936 par Henri l'Oiseleur,
ils sont un demi-siècle la terreur de l'Europe. »

La réputation des Ogres peut remonter en partie à leur
ancêtre Atilla, chef d'une armée de sept cent mille hommes et destructeur de septante villes, fléau terrible et si
odieux, que son vrai nom, entièrement oublié comme nom
de fameux conquérant, a survécu jusqu'à nos jours, chargé
par jugement populaire de l'emploi le plus vil. *Hétzel* est
en polonais écorcheur de bêtes crevées, valet de bourreau
par occasion. C'est un mot étranger à l'acoustique slave :
et comme dans les Niebelungen Atilla s'appelle *Etzel*,
l'identité ne paraît pas douteuse.

Contrairement à la manière des historiens, je dois re-

monter le cours des âges au lieu de le descendre. Bien des
siècles avant les exploits d'Arpad et d'Atilla, une horde
tatare a, pendant longtemps, ravagé l'Europe, et laissé un
renom de barbarie, consigné en langage usuel.

Boi, troupe armée en slave ecclésiastique ; *boïar*, op-
presseur en vieux polonais ; *boie*, en wallon ; *boier*, dans
la Suisse romane ; *boïou*, en provençal ; *boia*, en italien,
bourreau ; *boiœ*, ceps en latin, instrument de torture. Je
présume que tout cela vient du nom ethnique des Boiens.
Le *bourreau*, lui-même, suivant Huet, vient de *boiercau*,
diminutif de *boier* ou *boïar*, et signifie bourreau, meur-
trier, cruel, inhumain.

Les auteurs grecs ou latins, écrivant des siècles après
l'irruption des Boiens, les tenaient pour Gaulois. Il est
probable en effet, qu'après maintes générations, les hordes
établies au milieu des peuplades slaves ou celtiques, en
Bohême, par exemple, ou entre l'Allier et la Loire, se
soient confondues avec les indigènes. Mais jamais les Gaulois n'ont passé pour bourreaux. Le nom même des Boiens
est certainement ouralien et veut dire guerrier ; ce nom
existe et comporte encore un sens officiel dans les contrées
qui ont plus récemment gémi sous la domination tatare.
Le boiar, sénateur avant Pierre-le-Grand, est encore gentil-
homme ou seigneur moscovite ; titre étranger (puisqu'il
est inconnu dans les autres pays slaves) usurpé, en signe
d'autorité, par les héritiers d'anciens maîtres En Lithuanie,
dont les grands ducs victorieux, en écrasant les Tatares,
ont provoqué et préparé l'émancipation de la grande Russie,
le boiar n'est plus qu'un domestique à cheval ; tandis qu'en
Transilvanie, soumise au moyen âge aux Bulgares, on
appelle boiars les parents du voïevode. C'est ainsi qu'en
espagnol *boja* n'est même plus bourreau, mais boucher,
équarrisseur et vagabond.

Une simple coïncidence phonétique, même aussi parfaite qu'entre *boïa* et *boïar*, pourrait toujours être récusée ; mais cet usage de flétrir les oppresseurs en les proclamant bourreaux, est caractéristique. Nous avons déja vu Atilla promu valet de bourreau, en voici un autre exemple :

Kat, radical touranien analogue à *katal* sémite, signifie exterminer en tchoud, où il donne aussi leur nom à quelques oiseaux de proie. *Katana* sabre en japonais, et *katona* sabreur en magiar. La renommée des cavaliers hongrois a fait, qu'il y avait au moyen âge des katans en divers pays, comme maintenant il y a des hussards : *katana* en illirien ; *katoun* en slave ecclésiastique, en bulgare, en valaque ; *katan* en vieux polonais, etc.

Et *katan* ou *kat*, bourreau, en tchekhe, en sorabe, en slovaque, en polonais : chez les voisins des Magiars ; dont la domination tyrannique a laissé ce souvenir, — et reçu ce châtiment, — car c'en est un, et bien grave.

Voici encore un témoignage précieux pour appuyer ces conjectures sur les irruptions touraniennes jusqu'en France. Les Tatares n'y sont peut-être venus jamais sous ce nom, qui ne semble pas en grand honneur chez les Ouraliens (*tatari* en tchoud, en finois, vagabond, bohémien). Pourtant ce nom n'est pas entièrement inconnu en France. Je songe aux Auvergnats, dont le cri national pour appeler le cochon est : tatar ! tatar !

Les Tatares — en villégiature — sont très-débonnaires, paraît-il, et très-hospitaliers, on dit qu'ils offrent leurs femmes aux voyageurs ; mais ils engraissent comme des porcs et ne sont guère plus propres. On leur adresse ce reproche en Pologne, en termes qui ne contrastent pas le dicton auvergnat. De part et d'autres on a dû observer les choses de près. Mais quand? Il ne serait pas impossible de former quelque conjecture à cet égard : je m'abstiens pour mériter un point de sagesse.

Là encore un seul mot pourrait être jugé insuffisant, mais il en existe d'autres du même aloi. *Tartareju*, en forézien, crête de coq, mauvaise herbe qui infeste les prés comme *tatarak* en slave. *Tartareisa*, toute misère malpropre et sâle. *Tat*, boutons de ladrerie, tête des tœnias nomades, qu'on appelle en polonais *Vengry*, les Hongrois, et en allemand *Finnen*, les Finois ! Chacun a traité d'odieuse engeance les nomades qu'il connaissait, qu'il redoutait. Les nations s'adressent des injures comme les héros d'Homère.

D'autres tribus touraniennes ont saccagé la France à une époque si reculée, que des souvenirs laissés par elles toute trace d'hostilité a disparue ; il n'en reste que des mots vides. Mais les mots restent — témoins incorruptibles, plus sûrs que tout au monde.

M. Meillorat de Moncombret raconte dans le Panthéon historique, que dans la basse marche de Bourbonnais, aux environs du Donjon et de La Palisse, il existe des tumulus, pareils à ceux de l'Ukraine, que le peuple attribue aux Polakrs. D'autre part, le docteur Prunières a raconté, au Congrès de 1873 à Lyon, qu'aux environs de Marvejols, dans la Lozère, il y a de nombreux dolmens de l'époque de la pierre finement taillée, dits Cibournios (1), que les

---

(1) C'est peut-être *Kipuharu*,= cime ou hauteur (consacrée au) deuil, en finois. — Non loin de St-Etienne, au plus haut sommet du Pilat (et sur quelques autres montagnes, paraît-il), il y a des entassements de grosses pierres connus sous le nom de chiras. En magiar *sir* (l. chir), tombeau, sépulcre ; *sıras*, larmes ; *sırat*, déplorer, etc. Les chiras ne sont pas « les materiaux des forteresses méditées par Jules César pour contenir la Gaule fremissante », mais les tombeaux des grands chefs, antérieurs à Cesar de milliers d'années, comme les Cibournios de Polakrs. Quoi qu'il en soit, le peuple qui consacrait au deuil les cimes des monts, n'etait certes pas denué de sentiments poetiques et elevés.

gens du pays prétendent être la sépulture des Poulakrs. En somme, rien qu'un nom étrange, sans commentaire. Pourtant le commentaire se retrouve en cherchant au loin; la nuance descriptive finit par reparaitre, quoique pâlie et effacée. En Cornouailles, on appelle *polaks* les gros poissons voraces qui poursuivent les bancs de pilchards.

Je ne m'arrête pas à la différence entre *polak* et *polakr*, elle ne tient certainement qu'à la prononciation locale, puisque le dictionnaire de l'Académie française met lui-même :

« Polacre ou polaque, cavalier polonais ».

Où l'Académie a trouvé cette orthographe et cette signification, est un problème difficile à résoudre. Assurément les Polaks sont de bons cavaliers, dignes frères d'armes de ceux de Reichshofen. Je ne pourrais raconter la charge de Vienne, peut-être unique au monde, ou la charge « incroyable » de Samosiera, que par oui-dire ; mais j'ai vu de mes yeux, à Domanice, un régiment de lanciers, conduit par Mycielski, rompre et disperser douze escadrons de cavalerie de ligne. Cependant tous les Polaks ne sont pas de si grands cavaliers, puisque, depuis douze ou quinze siècles, c'est le nom même de tous les Polonais en langue polonaise.

Autrefois, la Pologne s'appelait Ludomiria, Lidomeria — certaines voyelles changent de province en province (1) — cela voulait dire à la lettre : Fédération du peuple, des villages clair-semés dans les bois défrichés; proie tentante et trop facile pour les pólks de Tatares. *Pólk, poulk, pluk,*

(1) Si ce travail tombait sous les yeux d'un Polonais, il ne manquerait pas de demander ou j'ai pêché cette *Ludo — lido — lodo, — Mirıa* ou *merıa ?* Eh bien, je l'ai pêchée dans le dictionnaire de Le Gonidek. Les gens pressés, qui ont fait d'angelus *el*, d'espérance *spi*, de rhumatisme *remm*, etc., ont trouvé *Lidomeria* beaucoup trop long et l'ont

etc., veut dire corps d'armée. C'est un vieux mot touranien (1).

Las d'être saccagés, les Loudiers — Froissard donnait
encore ce nom aux laboureurs français — ou *Ludzie*, ou
Liudi, ou *Lidi*, etc., selon le dialecte, pour se mettre en
état de résister, s'organisèrent à l'instar de l'ennemi, en
Pólk ; et ceux d'entre eux qui le firent les premiers, reçu-
rent le nom de Polaks. Il est probable que les Polakrs de la

---

coupé en deux; mais les morceaux y sont toujours et s'expliquent
mutuellement :

Leid, peuplade, et.............. *Meuriade*, peuplade.
Louder, louer, bailli, juge,....... *Meur*, grand, principal.
Lu, armée,................... *Meurdez*, majesté, grandeur
souveraine.

On peut y ajouter *Llydaw*, nom de la Bretagne armoricaine dans les
Triades irlandaises. L'orthographe bizarre y dissimule une forme populaire en slave : *lydo, ludo*. Un tel nom devait avoir sa raison d'ê-
tre. La Bretagne a dû être colonisée par les Loudiers, ou être devenue
leur refuge préféré dans les bouleversements amenés par les invasions
romaines et germaniques. Ce n'est pas seulement le dictionnaire qui y
est à moitié slave : les mœurs, les idees, même le type et le costume
populaire y ont quelque chose de polonais.
Lu (c'est à-dire *lud*), et *louder*, montrent qu'au début les Loudiers
s'étaient reservé l'administration de la justice et le droit de porter les
armes ; et *meur* et *meurdez*, que leur tribu exerçait la souveraineté.
Avec le temps la nature des paysans reprit le dessus ; chacun s'accrou
pit sur son lopin de terre, comme ils le font partout. Voir les *Lides*,
si communs sur la carte du moyen-âge : colons payant redevance, dit
Ducange, ou faisant le service militaire à titre de redevance. On les
croyait Germains, l'ethnographie de l'epoque estimant germain tout
ce qui était au-delà du Rhin. Ausonne attribue cependant aux Lides
etablis dans le pays des Nerviens et des Treviies, l'origine sarmate.
On sait que les Polonais passaient eux-mêmes pour Sarmates dans le
moyen-âge.

---

(1) *Pool, puoli* (t. f.), demi, moitié ; *puoli* (f.), moitié, part, association. *Cf.* le mot français *poule* (dans les jeux).
Ploue, plou, pleu (b) ; *pole, pule, poile, polye* (s), campagne, village, (= commune, communaux). *Cf. Polanie*, = campagnards, com-
munistes.
Puolaan (f), peletonner ; *puollan*, prendre le parti de quelqu'un,
défendre ; *pulh* (f), detachement, armée, peuple.
Puolisha (f), moitié, partie séparée, partie mediane ; (*cf. Polsha*,
la Pologne.

France devaient également le nom à leur organisation militaire. N'est-il pas évident que des concordances aussi extraordinaires ne peuvent que se confirmer mutuellement ?

Tacite, en parlant des pays situés entre l'Elbe et la Vistule, mentionne deux fois *Ligiorum nomen*, disparu ensuite de la face de la terre comme une pierre tombée dans l'eau. Qu'est-il devenu ? Grave question qui a fait le souci de maint historien et géographe. J'ose à peine avouer que je m'en doute. *Ligiorum nomen* est devenu *nomen Lidziorum*. Ecrit différemment, cela se prononce de même, partout où avec l'alphabet a prévalu la prononciation latine. Tacite remplaçait nos *dzi* par *gi* italiques, et pliait le nom slave au paradigme de la déclinaison latine — parce qu'il ne pouvait pas faire autrement. Au surplus Ptolomée écrit *Loutioi*, paraphrase grecque de *Ludzie*.

Les Hongrois appellent les Polonais *Lengyel* ; sous cette orthographe se cache également le nom de *Ludzie*, bien qu'accommodé à l'acoustique des Magiars ; ce qui prouve qu'à leur arrivée en Europe, c'était encore le nom ethnique des Polonais.

Gardiens inconscients mais très-fidèles des traditions patriotiques, nos paysans se donnent encore quelquefois ce nom antique et vénérable de Ludzie.

II.

Loin de faire l'école buissonnière, je suis entré au cœur
de mon sujet en m'attachant aux Ludzie, — aux Loudiers,
suivant l'orthographe de Froissard. Comme les plongeurs
cherchant au fond de l'Océan les débris des naufrages, je
me retenais à un fil attaché à la rive, avant de plonger
dans la nuit profonde, qui cache tout un monde d'évène-
ments, une longue série de siècles, auxquels nous tenons
par l'ombilic de la race : par toutes ces conformations in-
times, les plus fines et les plus déliées, qui déterminent
notre manière de sentir, et d'agir, et de juger peut-être.
Il nous faut remonter maintenant, des Loudiers relativement modernes, à ceux dont l'immigration, a une époque
préhistorique, a exercé sur les destinées de la France et
du monde, la plus grande influence et la plus décisive,
quoique entièrement inconnue.

Il n'est pas de ma faute, on ne l'ignore pas ici, si elle
est entièrement inconnue. Ma voix fut trop faible pour
arriver aux oreilles de ceux qui savent déjà tout. J'aurais
au bout des lèvres l'engin de sir Tyndall, la trompette
a percer les brumes de l'Océan, qu'on ne m'entendrait pas.
Telle est l'indifférence ou la paresse des esprits, la routine
ou l'ignorance, que, je ne le cache pas, mes propres compatriotes, faits académiciens, ont craint de compromettre
leur nouvelle dignité en donnant audience aux choses
qu'aucun livre allemand n'a encore approuvées. Peu im-
porte ; le charme magique de ces excursions au-delà des
âges en paye amplement la peine.

Il résulte de l'étude attentive de débris de langues
antiques, qu'on retrouve dans les patois, et dans les noms
propres de tout genre, qu'a une époque reculée la plus

grande partie de l'Europe était l'apanage de deux grands
peuples, le Tud et le Lud. Ces deux noms signifient également peuple, gens, hommes ; le premier en langues ouraliennes et celtiques, le second en langues slaves. J'ai des
raisons de penser, mais je ne puis l'établir actuellement
faute de sources, que dans la haute antiquité — de *Lud*
à *Rut*, — le mot désignait les populations agricoles ; et *Tud*,
Tot, *Tat*, jusqu'à *Thiuda*, les pasteurs.

Le *Lud*, collectif de *Ludzie*, terme inconnu dans l'éthno-
graphie actuelle, était autrefois d'un emploi vulgaire, puisque l'adjectif fait avec ce mot (*ludzki*), est encore synonyme
d'étranger aux anciennes limites des pays slaves, en Illirie,
sur la Save, au-delà du Dnieper. En revanche l'adjectif
tzudzy, *tudji*, fait avec *Tud*, signifie étranger chez tous
les Slaves d'ancienne date.

Il y a quelques motifs de croire que le Lud est venu
en Europe par l'Asie Mineure. Les Hébreux, à ce qu'on
prétend, appelaient *Ludim* les riverains de la Méditerranée ;
et la géographie avoisinant l'ancienne Lydie offre un grand
nombre de mots slaves (1).

Venu en Europe de bonne heure, le Lud l'a déjà trouvée
en possession de ce peuple ouralien, dont le nom sert à
nommer l'étranger dans tous les dialectes slaves : *Tchoud*
au nord, et *Tud* dans les dialectes du midi. Cette dernière
forme étant conservée en breton et en estonien (où *tuddi*
veut dire homme) devrait être réservée à la race. Le nom
de Tchoud, attribué spécialement aux indigènes de l'Esto-
nie, auxquels il convient de le laisser, est d'ailleurs trop
variable ; on dit également *Tchoukhe*, *Tchoukhoniets*,
Tchoud, *Chtchoud*.

---

(1) Voir la mémorable dissertation de M. Al. Chodzko, professeur au
Collége de France, sur les inscriptions lyciennes, rapportées par sir
Ch. Fellows en 1841.

Szafarzik soutient pertinemment que cette dernière forme appartenant à la langue russe, a donné chez les anciens naissance au nom grec des Scythes, désignant une branche du Tud, altaïque plutôt qu'ouralienne et finoise, — et qu'il ne faudrait pas trop juger d'après le jeune Anacharsis. Il vaut autant s'en rapporter aux anciens dictionnaires :

« *Skytes*, homme féroce. *Skytizo*, imiter les Scythes ; s'enivrer ; porter une chaussure en écorce de tilleul ; avoir la tête rasée. Avoir les cheveux coupés de près pour s'essuyer les mains... » Que veut dire ceci ? On ne l'aurait jamais deviné sans les révélations d'Hesychius. Les Scythes, dit-il, scalpaient leurs prisonniers et se faisaient des essuie-mains avec la peau de leur tête.

De même que la pratique séculaire de l'agriculture donne l'habitude du travail, de la prévoyance, de l'économie ; ce qui, avec le bien-être, évoque le sentiment de la dignité humaine, le respect de soi-même, l'indépendance — et l'indiscipline ; mais inculque de bonnes mœurs, l'amour de la famille et de la terre natale, le culte de la femme (en polonais, le nom courant de la femme est *bialoglova* tête sacrée (1) et de la jeune fille *dziva* divine), — de même la vie pastorale exalte l'imagination, trempe les caractères, inspire et développe l'esprit politique. Elle inspire

---

(1) Cela sonne en polonais actuel : tête blanche, mais valait autrefois tête (vouee, protégée) de *Bel*, principal dieu des anciens Slaves, d'ou en Bretagne, aujourd'hui encore, le prêtre se nomme *Belek*. *Bala*, force en sanscrit. *Beli*, autorité, dignité en breton. *Bela*, chef, en vieux slave. *Rerebelé*, en Auvergne, bisaieul,=article chef (de famille). Toujours est-il que ce titre, accordé en Auvergne au père du grand-père, et au prêtre en Bretagne, designe en polonais la femme. Pour bien apprécier le sentiment antique qui a fait donner à la femme polonaise ce nom de *Beloglova*, il faut encore noter que dans les vieilles langues prêtre et prince sont synonymes (cf. *Kohen, Knez, Kuningas, Xiondz*, etc.), c'est-à-dire qu'on donnait volontiers au ministre de la religion, le titre de prince et de roi.

2

et développe chez les chefs, l'art de tramer les entreprises
et l'audace de braver les aventures : et chez tous les autres, une subordination absolue en vue des conquêtes et des
rapines, un grand dévouement envers les siens, l'astuce et
la férocité envers l'étranger. L'abbé Huc raconte des Mon-
gols que s'ils parviennent à attrapper un loup, ennemi
redouté de leurs troupeaux, ils le lâchent — après l'avoir
écorché pour servir d'exemple aux autres. Ces habitudes
de cruauté finissent par s'enraciner dans les cellules du
cerveau, et produire des instincts héréditaires, que la civilisation dissimule, sans les détruire, au moins dès longtemps. Gratez un ..... vous trouverez un .... L'esprit rêveur
et chimérique, astucieux et cruel de la race germanique,
ne dénote pas moins un mélange, ancien historiquement,
mais récent par rapport à la longévité des races humaines,
d'une forte proportion de sang touranien avec le sang
des Aryas.

Justin rapporte que les Scythes disputaient aux Egyptiens
l'honneur d'être le plus ancien peuple de la terre. Je
puis affirmer, de bonne source, que nos Tchouds, cantonnés
entre la Dzvina et le Peïpus, ont la même prétention.
Leurs traditions affirment que leurs ancêtres étaient les
maîtres de l'Europe. Il est certain qu'avec le dictionnaire
ouralien à la main, la géographie européenne devient
singulièrement intelligible. Des limites imposées à une lecture, interdisant les développements nécessaires pour justifier une telle allégation, un expédient va nous permettre
de réduire la démonstration à un seul exemple, sans la
rendre moins probante :

Soka (f. génitif *soan)*, impuretés suspendues dans l'eau.
Sokaan, salir ou troubler l'eau. *Sekaun*, devenir trouble.
Sean, seoin, devenant trouble, malpropre, mêlé.

Et voici les 'noms des rivières sujettes à charrier les eaux troubles :

Seine, affluent de la Manche.

Essone, af. de la Seine.

Saane, af. de la Manche, près de Dieppe.

Saône, af. du Rhône.

Saône, af. de la Garonne, près d'Agen.

Senne, af. de la Dyle, près de Malines.

Shannon, af. de l'Océan en Irlande *(Senus* en latin).

Shin, lac et rivière, en Ecosse.

Saane, af. de l'Aar, en Suisse.

Seyon, af. du lac de Neufchâtel.

Saona, af. du golfe de Gaéte.

Sinno, af. du golfe de Tarente.

Asona, af. de l'Adriatique, près de Fermo.

Sanna, af. de l'Unna, en Bosnie.

Sannitsa, af. de la Sanna.

San, af. de la Save, en Styrie.

San, af. de la Vistule, en Pologne.

Sonna, af. du Wkra, en Pologne.

Seouan, lac et rivière de l'Arménie russe.

Synia, af. de l'Obi, en Sibérie.

En voilà assez. Je me suis appliqué moins à dépouiller la carte exactement, qu'à circonscrire l'espace où l'idiome ouralien a dû régner autrefois : car des coïncidences, aussi nombreuses et aussi parfaites, ne sauraient raisonnablement être attribuées à une autre cause. Mais il convenait, le sentiment le plus élémentaire de ce qui est dû à mon auditoire, commandait de bien s'assurer s'il arrive réellement à toutes ces rivières de devenir malpropres, troubles, limoneuses, comme les en accuse le participe finois ? Or, c'est moins facile qu'on ne croirait ; un livre donne les kilomètres de la rivière, un autre le pittoresque ; de l'eau, à moins qu'elle ne baigne une grande ville, on ne dit jamais rien. J'étais en peine, lorsque Catherine est venue à mon secours. Voulant m'apprendre que son village, proche de Saint-Germain-Laval, n'a qu'une mare d'eau bourbeuse, « *vo n'est que sóna* » m'a-t-elle dit en pur forézien. Le mot est donc vivant ? Cela suffit.

Le dictionnaire de Pierre Gras ne contient pas *sóna*, mais il donne *sani*, *sania*, paquis marécageux, prairie humide, qu'on *saigne* par des rigoles si on la veut dessé-cher. Et il a soin de mettre de *gn* partout, à fin de rat-tacher les marécages aux saignées. En finois *suo*, maré-cage ; *soinen*, marécageux.

Ce ne sont pas les patois seulement qui couvent dans leur sein l'élément ouralien, le dictionnaire français est loin d'en manquer. J'ai relevé dans un autre travail, sous la seule lettre *H*, plus de quatre-vingts mots dont l'ori-gine ouralienne n'est pas douteuse. Cependant personne ne s'en est douté, et n'est pas resté pour cela à court. Voici quelques exemples :

« LÉVITE, sorte de redingote ou, de robe de femme, ainsi dite parce qu'elle a quelque ressemblance avec l'ha-billement des prêtres ou lévites. » Littré.

En finois *leviä*, large, ample ; *levitän*, étendre, élar-gir ; *levy*, large planche ; *levet*, champ spacieux, etc. *Leviita*, large manteau, vêtement ample.

« PITON, de *pitar*, becqueter en provençal, dont le ra-dical se retrouve dans *petit*. » Littré.

En finois *pii*, dent, pointe, clou ; *pidän*, tenir, soute-nir. « *Pidin, tenendi instrumentum* » le piton.

« PIROUETTE, un composé de pied et roue, selon Frisch. » Littré.

En finois *piirän*, tracer une ligne avec une pointe ; *piiri*, cercle ; *pyara*, objet rond et tournant, etc. *Pyäraytan*, faire tourner rapidement, pirouetter.

« RIPAILLE, de Ripaille, bourg du Chablais, où Amédée de Savoie, qui fut pape sous le nom de Félix V, mena une vie délicieuse. » Tous les dictionnaires, y compris celui de l'Académie et de M. Littre.

En finois *ryppä*, buveur ; *rypen*, se rouler dans la fange « *voluto me ut sus in coeno.* » *Ryyppään* boire. *Ryppäilen* boire souvent, etc.

Le polonais lui-même est entaché de finois : et chose remarquable, qui ne peut s'expliquer que par une grande supériorité de la civilisation indigène à l'arrivée du Lud, c'est surtout la partie, en quelque sorte poetique du dictionnaire polonais, qui est d'emprunt : Les noms des divinités (de *Yessa*, par exemple, en tchekhe *Khasen*, d'où Hesus celtique. En suomi *Esi-isö* = premier père, le père du genre humain) ; de quelques animaux et plantes remarquables, et même quelques termes appartenant à la vie politique. On aurait donc grand tort de confondre le Tud européen, celui dont le sang coule dans nos veines, avec les Touraniens altaiques, les Scythes, les Sarmates, — les Bachkirs, les Kirghiz, les Tchouvaches, les Kalmouks, les Khazars, — et autres Gog et Magog déjà connus et redoutés dans la Bible. La race peut avoir été la même : les rapports si étroits du suomi avec le magiar, ne permettent pas d'en douter. Mais les premiers venus en Europe, ayant multiplié rapidement sous un ciel privilégié,

ont dû se faire agriculteurs. Cela suffit pour leur faire
atteindre bientôt ce degré de civilisation naturel à la cité
humaine, qu'on rencontre aujourd'hui encore dans les
chaumières tchoudes, zyrianes, votiaques, permiennes,
metcheriaques, tcheremisses, mordvines, etc. Pour la première fois sans doute, ces pauvres chaumières sont actuellement visitées par les touristes, avides de recueillir
les hauts faits des Bohatérs : héros touraniens, auprès
desquels les exploits d'Hercule et de Samson ne sont que
jeux d'enfant.

Mais le moment est venu de raconter, en quelques mots,
comment je me suis fourvoyé dans un domaine interdit
aux profanes, et gardé avec un soin jaloux, comme les jar-
dins des Hespérides (ou sous le nom du précieux sylphium
on trafiquait l'assa fœtida).

III.

Trop vite s'écoule la vie : il y a vingt ans déjà, j'ai
raconté la première fois ici même, que, venu en France
bien jeune, la plus ravissante surprise que j'aie éprouvée
dans ma nouvelle patrie, ce fut de reconnaître sur les
lèvres foréziennes, quelques mots familiers a mon en-
fance (1). « D'où sont-ils venus ? N'aurais-je pas retrouvé
ici des parents inconnus, des frères perdus de vue depuis
trop longtemps ? Que de choses s'expliqueraient par là !
Nous le devions peut-être à la voix du sang, cet accueil,
si maternel, que si l'on pouvait jamais oublier la patrie,
nous aurions pu oublier la nôtre. »

J'ai longtemps hésité de crainte qu'une oreille sevrée et
affamée, ne m'abusât complaisamment. Comme les dialectes populaires les plus anciens devaient avoir conservé, si
mes conjectures étaient justes, le plus grand nombre de mots
slaves, je me suis appliqué à l'étude du dictionnaire breton
de Le Gonidek. J'ai fini par reconnaître à la longue, que

---

(1) En voici quelques-uns choisis parmi les moins sujets a se
repandre au loin :

Bourdis, désordre, pêle-mêle.	*Burda* (*u* sl — *ou* fr.)
Climpe, une fille sans soins.	*Klempa.*
Dornia, têtu et borné.	*Duren.*
Drindoula, secouer, ébranler.	*Dryndati.* — *Dryndulka*, une pe-tite voiture sans ressorts.
Drigua, sauter, gambader.	*Drygati.* — *Driagota* (r) convul-sions.
Geola, pleurer.	*Zaliti,* (sr) (*z* sl = *ge* fr.)
Chapi, hangar.	*Szopa,* (*sz* sl = *ch* fr.)
Soc'hia, petite charrue.	*Socha,* (*c'h* br = *ch* sl, *kh* fr.)
Rejotta, nasse en osier.	*Reszoto.*
Siot, tamis en crin.	*Sito, Serto.*
Sira, fromage blanc.	*Syr*
Trat, poutre.	*Tratev.*
Esclops, sabots.	*Klompie* (I.)
Etc.	

si l'on fait en breton abstraction de l'élément relativement moderne, le reste, tout ce qui appartient réellement
a l'Idiome des anciens Gaulois, n'est qu'un mélange, qu'une
fusion d'éléments slaves et ouraliens.

J'ai traduit successivement deux lettres du dictionnaire
de Le Gonidek, *B* et *L*, c'est-a-dire, j'en ai retrouvé tous
les radicaux dans les dialectes slaves ; et pour l'idiome
ouralien, en magiar, en tchoud et en finois.

Une aride succession de mots, n'ayant de commun que
leur lettre initiale, se prêtant peu a une lecture publique,
j'ai préféré ici grouper les mots exprimant les nuances
d'une idée. Voici toutes les significations antiques, du
mouvement et de la voix, qu'il m'a été possible de découvrir dans Le Gonidek.

I.

Baléa, Balé, marcher, cheminer, se prome-
ner, en breton.

Baï lochu, le marcher sur les pieds et les
mains.

Kerzout, marcher. *Kerz,* pas.

Stampa, faire de grands pas.

Skara, aller vite.

Monet, aller d'un lieu à un autre ; devenir.

Dond, venir, arriver.

Darvout, survenir, arriver par hasard.

Tremenout, passer, s'écouler.

Skula (*l* mouillé) répandre, epancher. Se dit
des liquides surtout

Feltra, eparpiller, jeter en l'air de la pous
sière.

Skinia, disperser, eparpiller.

Tec'hout, téc'het, fuir.

Kantrea, courir çà et là.

Valiti, cheminer avec entrain,
valinsati, en flânant. *Ballag* (m),
aller lentement.

Baluk (p). — *Barlog* ce qui traine
a terre.

Koraziti (y.s.). — *Koraz.*

Stompati.

Skoryti.

Mennen (f), aller, partir. Devenir.

Dondu (sor). — *Dont* sort, chance.

Darit s (y.s). *Darytis* (l.).

Tremeniti.

Oskola (*l* barre), ecoulement de la
sève.

Feltrius (cz), vermoulure de bois.

Skinuti (y.s).

Teheti (l).

Krzontat. s. (p)

Redek, redı, rıdek, courir vite et avec impétuosité.

Hent, hend, chemin, voyage. (les *n* = gn)

Heulıa, suivre, accompagner, imiter, cultiver (les arts).

Ambrouga, accompagner, reconduire par civilite.

Kıza, retourner, reculer. *(Gousonı,* ordure).

Bargédı, badauder.

Kunıa, caracoler comme un cheval

Braga, folatrer, se donner trop de licence.

C'hoari, jouer, se divertir.

Drujein, folâtrer, badiner.

Korolla, danser.

Breskın, breskenna, courir çà et là, se hâter, bondir.

Bounta, pousser, repousser, faire effort contre quelqu'un ou quelque chose.

Dispac'ha, gratter, gesticuler, se revolter.

Skrabat, racler, enlever.

Grabısa, id. id.

Breva, brevı, casser, fracasser, assommer.

Strafila, effrayer, troubler.

Barha, troubler, surprendre.

Fourgasa, agiter, ébranler, harceler.

Hega, provoquer, irriter.

Hısa, id. id. (des chiens).

Flacha, bouger, remuer.

Fınva, id. _ id.

Rydvan (p), voiture de voyage.

Ratas (f), voyageur à cheval.

Kóynto (f). De *hayn,* aller, marcher

Kelıautı (l), voyager. *Huolen* (f), epouser ; *huolın,* soigner, cultiver.

Próg, seuil de la maison.

Guz cul. *Gız !* (r), gare ! place ! reculez-vous !

Brodıaga (r), vagabond.

Kon, cheval (*n* _ gn).

Bryhatı. — *Braznık* (r), libertin.

Hratı, ıgratı.

Druzyczatı(sr).- *Druzebna nıedıela,* dimanche de mi-carême, *lœtare.*

Keri (f), cercle, tour ; *hera,* ronde, réunion ; *kerella,* à la ronde, ensemble. *Korovody* (p). anciennes danses.

Prysk (r), course, fougue ; *bryzgat* sauter, jaillir, s'envoler.

Bunt, révolte. *Puntatı* (y.s.), livrer assaut.

Paha, paheıl (cz), bout, tronçon, griffe. *Pahatı,* mal faire, mal agir.

Skrabatı.

Grabıtı.

Breverıe (p), fracas, violences.

Strach, effroi. *Strahatı,* effrayer, troubler.

Barkatı (sr).

Fryga, toupie. *Fırkatı* (y.s), s'ebrouer. *Forgas* (m), tourbillon.

Zegatı

Huzıa !

Plach, volage, trivole. *Plaszytı,* effaroucher. *Flakaczha* (cz), fouet.

Fınfas (cz), vannette. *Fınfa* (p), camouflet.

Béja, secouer, rémuer, cahoter.

Huizati (y s.).— *Hez* (t. de marine), vent propice, direct. *Hyzy,* agile, vite.

Stronsa, ebranler, secouer.

Stronsati.

Pigosa, cogner, frapper avec un marteau.

Bigos (p), haché, contus. *Pich* (cz), pilon.

Stoui, se baisser, s'incliner.

Tulit (r). — *Tui !* (p), ordre de se baisser pour viser l'ennemi.

Kroumma, se courber, se plier.

Skromny, modeste. *Koromyslo* (i), cerceau.

Gorréa, pousser, soulever, hausser.

Gora, hauteur, montagne.

Loc'ha, mouvoir, bouger, soulever.

Lohki (sor), léger. *Lohna* (cz), qui trôle. *Ruch,* mouvement.

Leushel, lâcher, relâcher, laisser aller.

Lasken, laskelen (f). — *Laska* (p), grâce (=laisser aller un captif?)

Luska, se déboîter, se disloquer.

Luskati (v. actif).

Luska, luskella; Keuluska, kefluska, mouvoir, agiter, troubler, bercer. Brandir, osciller. Se mouvoir alternativement en sens contraire.

Laiskyn (t), s'agiter comme la flamme ou l'onde. *Luiska* (t) queux. *Kolysha* (s), berceau.

Lammout, sauter, s'élancer.

Lamoziti (cz).

Lammont, se mouvoir d'un mouvement inégal.

Lomcovati (cz).

II.

Komza, kompsa, parler.

Kampson (p), écolier bavard. *Komszachty* (p), chuchoteries.

Kelaoui, publier, raconter des fables.

Kel, kieli (f), langue; *kielas,* bavard. *Kóltő* (m), poète.

Kaozéa, keuza, parler, causer.

Kazati.

Lavar, parole, discours; *lavarout,* parler, dire. *Aslararout,* redire.

Slovar, dictionnaire; *slovo,* parole; *slava,* renommée. *Lavoriti,* (y.s.) murmurer.

Moez, moec'h, voix, opinion.

Mova, langage, discours.

Iez, idiome.

Iezyk.

Safar, savar, bruit, clameur.

Sfar, gvar.

afar, savar, causerie.

Gavor.

aravella, parler plusieurs à la fois.

Taravila (p. esp), flux de paroles.

Garm, grand cri, clameur, acclamation.

Giom (r).

ri, cri.

Krzyh.

lemm, plainte, reproche, mauvais rapport.

Klam, mensonge.

Nagenni, disputer, quereller.

Kareein, blamer, condamner.

Tamallout, blamer, accuser, condamner.

Rendaella, disputer, contester, quereller, agacer, repliquer.

Borodi, radoter, dire des extravagances

Balok, menton.

Valgoriein, balbutier.

Riota, disputer.

Broeza, s'emporter.

Kroza, murmurer, gronder.

Busella, rugir, mugir.

Gourrisiat, hennir.

Skrimpein, hennir.

Breugi, braire comme un âne.

Bruc'hellein, rugir.

Begia, bêler.

Bléja, beugler.

Rinchana, d°.

Iuda, hurler (des chiens, des loups).

Chinka, aboyer.

Graka, caqueter.

Godal, id.

Kloc'ha, glousser.

Filipa, pépier.

Labenna, babiller.

Labenna, aduler.

Likaoui, cajoler, flatter, tromper.

C'hoarzi, rire.

Mousc'hoarz, sourire.

Houeza, en Vannes, *houhein*, souffler

Roudal, murmurer.

Gagoula, *gagéi*, bredouiller, bégayer. *Gag*, bègue.

Hakein, bégayer.

Soroc'ha, bruire.

Ronkella, râler.

Naganiat,' blâmer, réprimander.

Kara, punition. Altercation (sr).

Tlama (cz), guêle.

Zrzendzit (p). — *Rondel*, casserole.

Brediti. — *Boroda*, menton.

Balakat (v), balbutier.

Varga, lèvre. *Varganit* (r), jouer de la guimbarde.

Riad (m), jeter des cris.

Briuzga (r), grognement ; *brozgun*, hargneux.

Groziti, menacer, gronder.

Buzati (y.s.). - *Buzovat* (p), gronder

Guritati (cz), grogner.

Skripiti, grincer. *Skripice*, rebec, violon.

Rigat (r). — *Burag*, ventre des bêtes.

Brzehailo (p), braillard. *Briuho*, panse. *Brechat* (r), aboyer.

Beg (m).

Bleczeti.

Riszeti, riczeti.

Viadat (p), des chiens.

Szeukati, szczekati.

Grakati.

Gadula (p), bavard.

Klochtati (cz).

Filipieti (cz).

Lobbin (t), bavard.

Labzit s. (r).

Lukavit (r).

Herzati (y.s.).

Usmiech (p).

Huhat (p).

Budaliti (sr), deraisonner.

Gugniviet (r). — *Gaga, gagol, gogola*, esp. de canards.

Jonkat s. (p).

Soroka, crecelle, pic.

Ronkliczka (cz), grelot,

Roc'ha, ronfler

Chourih, bruit de frottement.
Stolok, bruit des corps durs
Stok, choc, coup.
Truza, faire du bruit, du tapage.

Kunuc'ha, gémir, insulter.
Gwela, pleurer
Jala, chala, se chagriner
Geiza, geida, gazouiller, chanter
Biniou, cornemuse.
Barz, poete, musicien.

Meuli, louer. Moli (gaelique), celébrer, adorer.

Rochati (cz), bruire. Rehotati, hennir.
Szorovati, frotter
Stolocz (r).
Stuk.
Trezkati (y s.). — Traskati, deblatérer.
Kunkati (cz).
Kviliti.
Zal (p), chagrin
Gaiti. — Gaydy, cornemuse.
Byrbyne (l), chalumeau.
Bardon (p), lyre. Barzava (y s), flûte. Svardoniza, musette.
Moliti, prier.

Le dernier terme mérite, en vérité, de nous retenir un moment. Voyons d'abord comment l'entendent les princes de la science :

Moliti en slave prier Dieu ; molaim en irlandais louer ; moli en cymrique célébrer, adorer. De la racine sanscrite MAD, petere, rogare, dit Ad. Pictet.

Miklosich n'admet pas cette origine; moliti, selon lui, vient de l'étymon sanscrit MR terere. — Terere, c'est-à-dire moudre ! Veut-il attribuer à nos ancêtres les moulins a prière des Chamans ? Au lieu de moudre, on traduirait, au figuré, marmotter, rabacher, que ce serait toujours exorbitant.

L'un torture le son, l'autre violente le sens : concluons hardiment, que le mot cherché n'est point sanscrit. C'est la marotte de la philologie actuelle, de tout chercher en sanscrit ; qu'est-ce pourtant que l'ancienneté des Vedas elles-mêmes, en comparaison de celle des peuples primitifs ? Avant, comme après, la fortune de l'histoire a trop brassé les nations, pour qu'aucune d'elles n'eût déjà prêté

et emprunté beaucoup. — On trouve dans les dictionnaires
ouraliens :

En magiar *mell, melly, mely*, poitrine.

En tchoud *meel*, cœur, âme.

En finois *mieli*, l'homme intérieur (*Gemüth* all.) ;
et dans la dérivation *móllään, mölyan*, jeter des cris
retentissants ; *mallitelen*, éjaculer des voix éveillant
l'écho.

Dans le dictionnaire de Le Gonidek : *meúli* breton, *moli*
gallois, *mol* gaelique, chanter (les louanges).

En slave *modlit, moliti, melsti*, prier, louer, adorer
Dieu.

On croyait donc, dès la plus haute antiquité, dès l'âge
de la pierre, à un Dieu vivant, puisqu'on s'efforçait, avec
les accents tirés du cœur, d'éveiller les célestes échos !
Leurs dieux, leurs religions ont pu disparaître : mais non
le ressort intime de leur vie morale, le sentiment éner-
gique et fervent qui a fait un tel verbe et l'a fait impres-
criptible. Dans les recoins de la vieille Celtique, comme
dans la malheureuse Pologne, la prière inspirée des premiers jours — *malda, modlitva, modlitba, molenye, mo-
lud, moleúdi, melodi, mellach* — frappe toujours au ciel
et y cherche le mot d'ordre : dernier lien mystique d'une
famille dispersée.

Le polonais a puisé un autre grand mot à la même
source. Du radical *mieli*, le finois a tiré l'adjectif *mielu*,
devenu *mily* en slave, aimable, gracieux. De là *milost*,
miséricorde, compassion, dans la plupart des dialectes
slaves, et en polonais l'amour, — le grand, le pur, le vrai,
celui qui se repaît de sacrifices.

Contester le mélange, le mariage des nations, dont les
dictionnaires offrent à chaque page de telles rencontres,

ce serait lutter contre l'évidence. Le breton étant à moitié slave, et le slave, de l'aveu de Bopp lui-même, étant l'idiome qui offre le plus d'affinité avec le sanscrit, il n'est pas étonnant qu'on ait réussi à découvrir dans les dialectes celtiques « des traces des lois euphoniques et un fond des racines sanscrites. »

Qu'on veuille plutôt remarquer la merveilleuse conservation en breton, des mots slaves et finois, qui y remontent cependant aux temps préhistoriques. La grammaire, choc et réduction de formes parfois inconciliables, a souffert nécessairement ; mais l'intégrité du dictionnaire a vraiment de quoi surprendre. On rencontre, même en slave, des altérations et des différences plus marquées d'un dialecte à l'autre. Je vais donc poursuivre mon chemin, sans me mettre en peine de combattre les opinions cachant, sous un vernis de philologie transcendante, un abandon étrange de l'étude attentive et patiente des faits.

Qnand notre langue maternelle est, comme le polonais, une saine et vieille souche, où tout est digéré, approprié, transparent : et n'en garde pas moins l'empreinte primitive du génie créateur, — ce n'est plus, comme disait Charon, « la main de l'esprit » — c'est presque l'esprit lui-même. On est comme forcé de l'écouter dans l'âme, d'en contempler l'étoffe. Que veut dire ceci et pourquoi cela ? Tout écolier polonais fait de l'étymologie sans s'en douter, et de la bonne, celle qui consiste à retrouver, sous l'acception usuelle, l'idée première qui a constitué le mot. J'en ai fait comme les autres ; qu'on me pardonne d'en évoquer un lointain souvenir :

Rumienit, rougir.

Rumieniets, incarnat du visage.

Rumianek, camomille.

Panacée de nos campagnes, qui m'a guéri de toutes
mes maladies ! Si du moins elle était rouge ? Mais la
fleurette est jaune d'or, avec une collerette blanche comme
la neige. Ce fut un des grands soucis de ma plus tendre
jeunesse, bien avant la guerre... En forézien, *ruma*, brû-
ler, sentir le brûlé. Voilà donc tout le mystère : rumianek
sent le brûlé (1), rumienietsbrûle la joue.

A plus forte raison les termes celtiques doivent-ils re-
courir au slave ou au finois, pour devenir intelligibles.
Tadiou, mamiou, les trisaïeuls en breton. Les auteurs
du dictionnaire cherchent vainement ce que veut dire ce
iou. En langues ouraliennes *iova, io, iou, iu*, signifie
bon ; et *tadiou, mamiou*, bon-papa, bonne-maman, autrefois comme aujourd'hui.

« *Lubanelli* galantiser, être empressé auprès des da-
mes. De *lu*, ridicule, et *panelli*, presser », dit M. H. V.

Arrêtons d'abord au passage ce *lu*, ridicule, suivi dans
le dictionnaire de *lu*, armée. Ce ne serait guère plus
facile à concilier que l'incarnat avec la camomille : à moins
d'admettre que l'un et l'autre *lu*, c'est toujours *lud* ébré-
ché. Au surplus *d* semble revenir dans *luaden*, parodie
bouffonne et maligne — échos lointains, et sans doute
très-affaiblis, des sentiments des vaincus à l'égard des
vainqueurs. C'est bien pis chez nos proches voisins. Dans
le dictionnaire des Yougo-Slaves — (sang moins mêlé peut-
être, que séparé du foyer cordial) *lud, luden*, fou, idiot
— et sans sel. Cette dernière insulte marque la quintes-
cense du mépris, et le prix du sel, dans la haute antiquité. Quant au *lubanelli*, il vient simplement de *lubiti,
lubere, lieben, lubyami*, désirer, aimer, dans toute la

(1) Comme à Lyon le lait *rimé*.

famille sanscrite. Le breton l'a coiffé d'une désinence ouralienne, comme il le fait souvent.

Mais voici où je voulais en venir. La partie du dictionnaire breton, relativement moderne, est infiniment plus altérée que la partie antique. *Tri c'hi*, trois chiens. *Ar iaou bask*, le jeudi des pâques. D'heureux, on a fait *eurusdel*, bonheur ; et de la dernière syllabe du malheureux, *reuzeudigez*, infortune, calamité. A quoi attribuer un tel phénomène ?

Cela vient des lois alphabétiques — et nécessite une digression que je renvois au bas de la page (1) en en tirant toutefois un profit immédiat.

---

(1) L'alphabet, gamme de sons articulés, n'est ni plus ni moins qu'une fonction physiologique, tenant sans doute, aux plus profondes finesses et ténuités organiques, mais y tenant absolument. L'éducation peut l'assouplir et la contrefaire même, chez les enfants, — mais elle ne saurait changer, dans toute une population, que par les influences pouvant altérer les formes organiques. Il n'est pas admissible que le temps seul puisse avoir une prise quelconque sur la prononciation, tant que l'appareil de cette prononciation est identique à lui-même. Et si l'on veut que l'appareil lui-même se transforme en trois siècles, qu'on essaie de le dire et de le prouver.

Les descendants des Celtes gardent, entre autres, de l'idiome ouralien *eu*, *u* ; et du slave les chuintances, dont il ne reste en français que *che* et *je*. Mais j'entends encore dans les patois *zie*, *sie*, *dzie*, *isie*, sons délicats qu'on ne saurait décrire, ni bien prononcer, ni même bien entendre, sans avoir la langue et l'oreille faites pour cela.

Ce n'est pas tout. On n'a pas remarqué le rôle que jouent, comme différence de langue à langue, les quantités de diverses espèces de lettres employées concurremment. Une race parle des lèvres surtout, une autre du gosier, une troisième (les Slaves par exemple), emploie surtout la partie moyenne de l'appareil. C'est par là que les langues diffèrent le plus, et qu'un homme illettré, l'ayant entendu une fois, devine ensuite que celui-ci parle anglais et cet autre parle chinois. Un jour on arrivera à classer les langues, et à pouvoir les comprendre, au moins en substance, en formulant les lois d'association et de proportion relative, des sons articulés que chacune met en œuvre. Enoncer une même pensée en diverses langues, est quelque chose d'analogue (de loin, je le veux bien), à transposer une mélodie en clefs diverses.

La formule en question supposée juste, les équivalences donnant

Dans le domaine restreint où il m'a été possible de jeter un regard curieux, il est de règle que les pasteurs, gens condamnés à se faire entendre de loin, ouvrent la bouche toute grande et n'épargnent pas le gosier. Les *H* caractérisent les idiomes sémitiques, les *K* ceux du Touran.

---

la clef des langues, ne peuvent qu'apparaître si elles existent au fond   question subordonnée a cette autre   tout son alphabétique est-il reellement une interjection instinctive énonçant une idée simple, une apperception élémentaire ; — et y a-t il vraiment, sous la répartition variable, un seul alphabet, une gamme unique de sons, et d'idées simples ? C'est à peine si on a songé à cette dernière ; quant à l'autre, lorsqu'on sait appliquer les tableaux de permutation dressés par Grimm, on sait tout et on croit savoir beaucoup. Quelque fondeur de caractères se doute peut-être, à quel point et de quelle façon, diffèrent les assortiments d'imprimerie en diverses langues.

Une euphonie nouvelle, en altérant le matériel du langage, suscite automatiquement le travail de restauration. Un son articule en attire un autre, on en exclue, on en altère, on en deplace ; la différentiation physiologique se traduisant en triage de l'alphabet. On ne se lasse pas d'obeir aux suggestions instinctives ; on corrige, on redresse, on perfectionne insensiblement, sans cesser de poursuivre l'aisance de la diction, la clarte du discours La recherche de cette dernière peut être illimitée, mais la vocalise articulée a certainement des bornes. Amenée au dernier point de perfection et de simplicité, elle suffit pour donner a la langue un élement de stabilité, s'il est vrai (comme j'ai essaye de le montrer ailleurs) que le son et le sens ont une relation naturelle. Ceux qui ne savent comment s'y prendre pour découvrir cette relation, trouvent bon de la nier. Tout le monde a néanmoins quelque vague pressentiment de la propriété des lettres , d'autant plus vague, il est vrai, que la langue, dans laquelle on a appris à penser, a plus éprouvé d'outrages et de réparations. Le sentiment, ou mieux, le savoir instinctif que nous possedons à notre insu, de la valeur intelligible des éléments alphabetiques, peut seul donner prise a l'intuition (active ou passive) de la propriété des termes du langage, le souvenir de la dérivation ne pouvant servir de guide que pour les derivés Au surplus, c'est l'emotion instantanée et profonde, incapable de choix refléchi, qui arrache le plus souvent, même à l'esprit inculte, un mot eloquent, c'est-à-dire vraiment propre, et au fond juste et vrai. Nous saisissons ces qualités, elles nous frappent, parce que nous en avons un sens intérieur, involontaire et irrésistible. La phrase banale à force d'être vraie « c est le sentiment qui parle » veut dire egalement, qu'on ressent l'impression des choses, et qu'on sent leur expression. Enfin, qui suppose la signification des mots indifferente et arbitraire, c'est à-dire purement conventionnelle, admet implicitement (qu'il le sache ou non) une

Les grammaires y ont également un caractère spécifique et commun. Les racines signifiantes font saillie dans le discours; et tout concourt à les faire ressortir, l'accent, l'assimilation des voyelles, et des consonnes parfois; mais surtout le dégagement des petits mots destinés aux rela-

---

convention explicite, antérieure aux moyens d'en faire une : et c'est là une difficulté plus facile à négliger qu'à résoudre.

Quoi qu'il en soit, le changement de l'acoustique par croisement de race, comme l'intrusion d'une langue étrangère, donne de l'ouvrage à vingt générations. A force de replâtrages le système de la combinaison, des lettres en mots et des mots en discours, se transforme plus ou moins. Ce travail séculaire de raccordement de la fonction avec l'organe, on en a fait une sorte de vie propre aux langues « qui naissent, croissent, se développent, puis vieillissent et meurent. » Toutes seules ! sans que les hommes s'en mêlent et changent aussi quelque peu ? N'est-ce pas un vrai miracle de transubstantiation, que des incrédules sentant le fagot auront déniché ?

« Les langues, dit de Maistre, ne se forment que d'autres langues qu'elles tuent, pour s'en nourrir, à la manière des animaux carnassiers. » Là, encore, il n'y a de trop que les carnassiers; mais Schleicher finit par découvrir qu'elles vivent (les langues) trois cents ans en moyenne. Autant que les corbeaux.

Il y a en réalité des races, et des langues, en voie de transformation et d'autres qui sont formées. Aucune ne se déforme sans motif, sans qu'une influence étrangère intervienne, directement ou par contagion. On éprouve de la peine à se rendre maître d'une prononciation étrangère par la raison qui empêche les forgeurs de bien jouer du violon.

Pour ébranler l'axiome : tel sang, telle langue, on observe que les nègres des Etats Unis parlent anglais, quoique nègres. C'est vrai; mais leur anglais n'est pas correct, comme le français n'est pas du bon latin. Les Juifs polonais ont oublié l'hébreu depuis longtemps; mettons depuis quinze siècles seulement. N'etait-ce pas assez pour apprendre le polonais, ou l'allemand, qu'ils parlent entre eux pour mieux exploiter les simples ? Eh bien ! non, leur allemand est un monstre, leur polonais une horreur.

C'est qu'ayant gardé le sang arabe, leur acoustique et leur glotique sont demeurées arabes également. Les Slaves apprennent facilement le français et les Français le slave : parce qu'ils sont faits de même. Il n'y a pas d'autre raison et il n'en faut pas d'autres. Jamais, au contraire, un Anglais ne parlera bien français, parce que les Saxons ont changé l'acoustique de la Grande-Bretagne, en égorgeant la majeure partie de sa population mâle au VIe siècle ; comme ils avaient extermine auparavant les Slaves de l'Elbe, et plus tard ceux de la Prusse.

tions grammaticales. Accrochés aux racines, ils embarrasseraient singulièrement une bouche, qui doit pouvoir lancer un mot d'ordre à travers les vents ; et qui est toujours plus portée à commander, à crier, qu'à causer.

Causer ! art raffiné des salons et don gracieux des chaumières qu'il illumine de gaîté et remplit de rire joyeux, — ne vient pas, Dieu merci, de *causam dicere*. Les mots ont leur âge. J'essaie d'établir en note, si non la généalogie certaine, du moins les connexions et les alliances de ce verbe éminemment social, et qui vient de loin (1). Alliances et parentés, chaque mot en possède ; et

---

(1) *Kuz* (s), *Kiesel* (al) silex. *Kozik* (diminutif de kuz) petit silex. Premier couteau.

Kova (m) silex. Les dérivés de cette double source : Kuz et Kov, se suivent et se confirment mutuellement :

Kovaisen (f)
Koszoru (m)   queux. Objet de première utilité à l'âge de la pierre,
(k)*Osla* (s)   pour aiguiser les outils sans cesse ébréchés.
Cos (lat)

Kuznik, koval, kulvis, tailleurs de silex. C'est écrit dans les noms La matière première va changer, les noms demeurent :
Kov (s) métal. *Kovati, kauti, huti, cudere*, forger.

Kasari (f), minerai de cuivre ....
Kositer (s) ; *Qasdir* (arabe), etc., étain, ⎱ (h)*Aes* (lat), *Vashi* (f), bronze :
l'âge de bronze vient de naître (*).

(*) En voici la sombre image *phonographiée* en dix langues *ne varietur*
Madhuga (sans) étain ⎱ *Mosch* (h all). alliage de cuivre et d'étain, d'ou ·
Miedz (s) cuivre.

1º *Mace* (ingl sax), *maza* (it), *maczuga* (s), *masse* (d'armes), etc . les Krupp d'il y a trois mille ans l'ol fut le pouvoir de ces casse têtes perfectionnés, coulés en *mosch*, qu'à l'instar de chefs germains, le lord-maire et les doyens de facultés font encore porter devant eux un assommoir postiche, un grand mess en fer-blanc, honoris *causa* !

2º *Meszer* (all) couteau, *moecir* (sc) conperet, *machete* (esp) coutelas. *Mezh, moshe, miecz* (s); *metzōkes* (m) ; *mekis* (got) glaive.
Et voici les exploits de ces *Mess* et *Messer*
Metzgen, metzeln (all), *macellare* (it), *machacar* (esp) ; *massacrer* (fr), *meczati* (v. s), égorger, assommer. *Mestan* (f) couper le cou *Maisaha* (arabe) percussit gladio *Mencziti* (s) torturer, etc.
Dans l'industrie, facilite de percer le bois avec les outils en metal ·
Mèche (fr) tarière. *Mecha* (esp), lardoir , *macho*, coupon, crochet, agrafe. *Metzni* (m), tailler, sculpter, graver.
Il est bon de remarquer que l'orthographe variée des mots ci dessus dissimule la plupart du temps une prononciation analogue

chaque dictionnaire sera un jour ordonné par familles, comme l'herbier de Laurent de Jussieu. Les *racines* actuelles auront le sort des étamines et pistils de Linné.

Le breton, bisaïeul du français, ne laisse pas d'avoir beaucoup de gutturales, ce qui dénonce un vieux fond touranien. Le petit-fils, vif et charmant causeur, pétrit son discours bien troussé entre le bout de la langue et les lèvres. Où a-t-il trouvé tant de labiales ? Pas en latin, qui en a beaucoup moins ; ni en allemand, où l'alphabet semble la contre-partie de l'alphabet français. Le *projet* du ministre, y devient *brochet*. La race germanique parle et entend tout autrement que nous autres, vieux citoyens de l'Europe : preuve que pour saisir et articuler nette-

---

Kuznia, métallurgie, art magique, sorcellerie, fortune, triomphe. Aujourd'hui encore : *kozera*, chance, atout.

Kovalnia, metallurgie. *Govel* (b), forge. *Kov* (s), machination ; *hovnik*, ingénieux, astucieux, séditieux. *Koval* (t), sagesse, science, habileté, etc.

Premières impressions, admirations et superstitions populaires, devant l'art nouveau ; bien profondes, puisqu'elles ont pu s'incruster dans les mots à tout jamais.

Et voici les premiers produits de la Kuznia. Les modernes, sans intérêt pour nous, prennent généralement le nom dans *Kov*.

Kozik, eustache, couteau à dos angulaire. *Cazo, cazudo* (esp.), couteau à dos épais. Imitations serviles du kozik de silex.

Kozula, appareil d'hameçons attachés a une ligne.

Ouzaère (tor), ciseaux.

Kouj (b), espèce de faucille à long manche, pour émonder les arbres.

Kosar, coutelas pour fendre le bois.

Kosier, serpette. *Siekiera* (et *securis* lat.) hâche, par metathèse.

Kosa, faux. *Cosecha*, moisson, en espagnol.

Kassara (f) serpe, sarcloir ; et *kovelo, kovori*, tranchet.

Kesser (turc), hachette, dolabre.

Kes (m), couteau et *kesel*, tranchant.

Kaszab (m) brette, esp. de sabre.

Kezi (m), *kusza* (s), arc, arbalète.

Cas, cassi, cassot (for.), casserole, grand poelon à deux pieds et à long manche pour faire la bouillie.

Caso (esp.), caserole, poelon ; cuiller en cuivre pour puiser l'eau.

Casoleja, bassinet ; *cazoletta*, garde d'épée, garniture du bouclier.

Kesol (pat. messin), pot pour mettre le lait après qu'il est passe.

Kazan (r), bassin, chaudière, alambic.

Kusz (s), gobelet, calice.

Kova (s), godet ; *kovesa*, agrafe ; *kovezey*, coffre, caisse, etc

ment un son alphabétique, il ne suffit pas de tendre l'o-
reille et d'ouvrir la bouche : il faut encore aux nerfs qui
mettent en communication l'oreille et la langue, une disposition expresse. Cette disposition se transmet par héri-
tage et s'altère par le mélange des sangs ; bien entendu
que de celui-ci il ne résulte ni addition, ni soustraction,
mais une évolution nouvelle et spécifique.

Les enfants intrépides de la Bretagne, ayant résisté aux
conquêtes germaniques et romaines, ont gardé, non-seulement l'idiome des Gaulois, mais l'oreille aussi ; oreille que
charme la phonétique des *korolla, luskella, baïzik* et
daïk, — mais où matrone se change en *itroune,* évan-
gile en *aviel,* etc.

Kazn (s. ecc.), ornements féminins, bijou. J'ai vu quelque part un
nom analogue du hochet d'enfant.
Kazn (r), or, argent, travaillés.

Kuznia, forge. *Kozub,* cheminée, fourneau. *Kuzniczek,* cri-cri.
Kauzen, place près du four. *Kazenka,* banc autour du poele :
C'est là qu'on *causait* délicieusement pendant les longues soirées
d'hiver, vacances du laboureur. Sous la tante du nomade on ne cause
pas, on raconte — le grandiose et l'absurde, en invoquant d'instinct
le génie de la terreur, leur sauvage allié.

Mais *kuznia,* officine du *kauzelnik* le sorcier, était certainement un
lieu interdit aux profanes. Cf. *Kuz* (b), cachette, retraite. *Koza, kazn,
kazna, kaznice,* violon, geole, prison, — honte, vice, tâche.
Kazar, geolier ; *kazar,* fouet. *Kazati,* châtier, condamner. Ordon-
ner, indiquer, expliquer, sermoner, prêcher, parler, dire, etc.

Je peux ne pas connaitre le dixième de mots nécessaires ; je peux
ne pas les avoir disposés avec le discernement voulu ; toujours est-il
qu'ils s'éclairent et s'expliquent réciproquement. Pour faire la contre-
epreuve, j'ouvre les *Radices Slovenicæ* de Miklosich et je trouve :

KAZATI *monstrare, castigare.* Scr. KASH *lucere.*

KOVATI *cudere.* Kovacz *vel* kuznik *faber.* Okov *compes.* Kov *insidiæ,
machinatio.* Kovnik *seditiosus.* Kovarn *astutus.* Kuzn *insidiæ* —
Scr. KU *sonare.*

Voyez-vous tout ce qu'on peut tirer d'un KU sanscrit ? Et comme
c'est instructif !

Je n'entends pas manquer de respect au célèbre Slavonisant, maître illustre d'une science dont je ne serai jamais que l'écolier obstiné.
Je cite au contraire ces etymologies pour faire toucher du doigt ce
qu'est la philologie actuelle, même dans sa plus haute expression !

IV.

Je voudrais rappeler au souvenir des personnes qui m'écoutent, la description physique de la France par M. Duruy. Le tableau semblait exact et tracé avec amour. Ce serait la réponse à une question qui vient souvent à l'esprit. Pourquoi les sauvages de tout calibre ont-ils toujours eu pour la France un goût si effréné ? C'est que la France est un coin de la terre bien favorisé du ciel; et, de toute l'Europe, le plus anciennement peuplé, sinon habité; car l'Italie paraît lui devoir son nom, et c'est un nom si vieux ! *Itö* (f) orient, *itäla*, pays situé a l'orient, *itäläinem*, homme oriental, — un Italien : à la seule condition d'avoir été baptisé de ce côté des Alpes.

La race qui habita la première ce beau et bon pays, n'a pas disparu complètement de son sein. On n'a qu'à remarquer les figures assez régulières, à pommettes un peu saillantes, le menton plutôt fuyant; ayant, si le type se rencontre assez pur, les dents projetées en avant ; la peau matte, brunie à peine. Tête menue, un peu conique, couverte de cheveux noirs et fins, plantés circulairement autour d'un front assez développé. Taille médiocre, extrémités petites, mais manquant de finesse. Ce qui parait caractéristique, c'est la dimension relative des parties réservées aux organes des sens. Petite bouche (a coins légèrement abaissés), oreilles reculées, pas beaucoup de nez vers la racine surtout; yeux noirs, un peu bridés, un peu écartés et pas très-grands; en somme, la surface du visage ne semble pas suffisamment utilisée. Race paisible et peu expansive, souvent douée de dispositions artistiques, pour la musique surtout. Ce sont les Fénians.

Selon toute apparence *Tud* était le nom de la race, et *Fin, Fen, Fenien, Finien* (1), le nom de la branche qui occupait au moins une grande partie de l'ancienne Celtique et de l'Europe orientale, depuis la mer Baltique jusqu'au-delà des Alpes Illiriennes et Carniques. Les tribus, qui reculant dans le *far west*, ont emporté les dieux et la langue indigène, dans la petite et dans la grande *Breiz,* et jusque dans la verte *Erinn*, se donnent encore, dans cette dernière contrée, en langage d'association secrète, ce nom de Fénian.

Le nom a eu un triste sort. Dans toute la France c'est un terme injurieux ; les Anglais mettent les Fénians en prison ; et un demi-savant assure, sans hésiter, que c'est un composé de trois mots latins « *qui facit nec ens*, qui ne fait rien, le fainéant » (2). Dénuée de toute preuve l'assurance est grotesque. Au fond de la Russie on appelle *Ofenian* les colporteurs ambulants.

Et cependant ils ont dû avoir, eux aussi, leurs jours de triomphe et de prospérité, puisque en vieux slave et dans la Bible, le nom de leur race est synonyme du géant (*Chtoud, Atoud*). Remarquons, en passant, que pour les nomades altaïques, les géants (les grands de la terre, en langage actuel), étaient très-probablement les Aryas, ignorés de l'histoire, devinés par la philologie. *Orias* géant en magiar.

---

(1) *Fi, fiu* (m) fils, rejeton, progéniture, — source, chef. *F* devient *P* dans les dialectes du nord-est de la Russie, et *V* en Finlande. En breton *penn*, source, chef ; et *fenna*, répandre.

Ven (f) frère, *venno* allie : Venedes, Venetes, Vendes, Vinides, Vindiles, en seraient des pluriels, à peu près réguliers, en tchoud. *Vinides* de la Pologne et de l'Autriche, *Vendia* (la Russie) valent : Finides, Feneicu. — En suomi, avec *n, m, em*, se forme le génitif pluriel : *Fun, Fennem*, etc., = des frères, des parents, des compatriotes : la nation.

(2) Revue pol. et litt. 1869, p. 620.

Il est vrai que, plus tard, ou ailleurs, ils sont devenu es-
claves à leur tour : *Oria*, en suomi, captif, serf, domestique.

Dans ces temps reculés, l'envie de suivre le soleil pre-
nait les gens subitement et tout changeait. Du jour au len-
demain, les grandeurs disparaissaient comme un nuage.
Six mois de sécheresse sur le plateau central de l'Asie ou
une grande épizootie, et un million d'affamés n'avaient
d'autre ressource que de se ruer sur un voisin mieux
pourvu, vers l'Occident de préférence, où un ciel moins
inclément promettait toujours quelque butin. Le voisin as-
sailli à l'improviste n'avait qu'à fuir devant lui, heureux
d'emporter l'âme ; mais gare à celui que le fuyard éperdu
rencontrait à son tour sur son chemin ! Comme les vagues
furieuses de l'Océan, le flot humain pouvait de la sorte
rouler de l'Extrême-Orient, aux rives de l'Atlantique.

Une catastrophe de cette espèce, oubliée dans la nuit
des temps, fit, un jour fatidique, tomber ainsi sur l'Europe
centrale, alors en possession des Loudiers, les tribus germaniques déjà armées de *Messer*, de coutelas en bronze.

Chassés de leurs foyers, nos aïeux envahirent le pays
devenu la France d'aujourd'hui. Race de paisibles laboureurs, ils n'ont pas tardé à se confondre avec les indigènes. S'il y eut du sang répandu dans les premiers
combats, la terre l'a bu en silence, sans laisser trace de
ces longues haines que d'autres peuples savent provoquer,
et qui éclatent au bout de treize siècles, dit Aug. Thierry,
en conflits tragiques. Il n'y eut bientôt qu'une seule nation : la nation célèbre, dite *celtique* en fénian, et *gauloise*
en slave, — ce qui revient au même.

Il y aurait un très-grand intérêt, en dépouillant les dictionnaires respectifs, à dresser l'inventaire de ces civilisa-

tions primitives dont le concours a fait la Gaule. Par exemple, de GAM, cheminer (d'où *camino, camion,* etc.) on a *gamaches* en forézien et *kamasze* en polonais, longues guêtres en toile. La présence simultanée de ce terme, inconnu dans les langues modernes, sur les bords de la Loire et de la Vistule, prouve qu'on savait tisser la toile lorsque les populations respectives, séparées depuis trois mille ans au bas mot, se trouvaient en rapport de manière ou d'autre. La racine du mot étant sanscrite, l'objet lui-même devait appartenir primitivement à la tribu aryenne. J'ai essayé de prouver autre part, qu'on savait teindre — en bleu. En effet, *szin* (l. sine) et *liv,* nomment à la fois la couleur et la teinture ; le premier en hongrois, le second en breton ; or l'un et l'autre signifient le bleu. En polonais, les magasins de nouveautés s'appellent aujourd'hui encore, les magasins du bleu : *blavatne sklepy.* (Ce mot a été d'un usage si fréquent qu'on n'a pas eu le temps d'en changer.)

Campé sur Hérodote et Polybe ou Strabon, un érudit peut dédaigner les conjectures de cette espèce. C'est qu'il n'a jamais évalué les vertus d'un mot vivant. Un texte peut être tronqué, faussé, mal compris ; une inscription peut mentir. Mais nul pouvoir de ce monde ne saurait fabriquer un souvenir populaire, ni en détruire, ni en déplacer aucun. C'est une chose indestructible comme les métaux précieux.

Voici encore une couple de ces mots, chatoyants de reflets du passé, qu'on pourrait multiplier à volonté :

Radissi en forézien, en vieux slave *raduszki,* les gâteaux. Venant de *radost,* la joie en polonais (et dans quelques dialectes, délices et volupté), le mot dénonce clairement la gourmandise préhistorique. Et ce n'est pas le tout. *Radou-*

ciri en forézien, *ridourès* en breton, fille de joie. Vieux mot et vieux péché ; mais qualifié de cette manière il prouve, en tous cas, l'existence des mariages réguliers à l'âge de la pierre.

« *lod*, met composé de lait et de farine cuits ensemble, qui est la principale nourriture des paysans bas-Bretons », veut dire en slave : le manger. C'était donc le manger habituel des anciens Gaulois.

M. Faye a découvert récemment dans les Landes un pain nommé *crouche*, qui parut au célèbre astronome devoir remonter au déluge. C'est pourtant le pain quotidien des braves gens qui, à cette heure, livrent aux derniers Orientaux, encore campés au milieu de nous, d'héroïques combats, où en toute vérité, il faut vaincre ou mourir. Le nom de leur pain veut dire : qui s'émiette, parce qu'ils le mangent presque toujours sec. Je suis néanmoins très-convaincu que les Loudiers, en arrivant en France, connaissaient déjà le pain blanc. Chacun cuisait peut-être son *kruch* ; mais la brioche de l'époque, le *bolon* de la haute Comté, le *bollo* espagnol, *boulka* et *boula* slave, était réservée au boulanger, qui y a trouvé son nom. J'en ai donné ailleurs une autre raison encore et plus frappante si non meilleure ; mais je ne puis m'attarder ici ayant à peine le loisir, en courant, de montrer du doigt les sommets des choses (1). Les sources manquent à en rougir. Il faudrait au plus vite recueillir tous les patois ayant fait partie de la Celtique. C'est le trésor de la patrie.

_____

(1) Je voudrais cependant, avant de prendre congé de mes chères et absorbantes études, montrer par un dernier essai, qu'on pourrait retrouver encore un passé bien reculé, si l'on possédait en dictionnaires les ressources voulues. Faute de ces ressources, je ne saurais donner une série assez complète de mots afférents ; néanmoins, malgré toutes les lacunes, il sera possible d'en entrevoir l'enchaînement et la

La conjecture que l'invasion germanique détermina celle des Loudiers est, comme toujours, appuyée sur le rapprochement des vieux mots :

Aluber, en breton « usurpateur, celui qui s'empare du bien d'autrui par violence ou par ruse ».

En slave *Olbrzym* (p), *Obr* (cz), *Hoborski muz* (sor), géant.

Ces termes ne peuvent s'expliquer que par *Obermann*, le maître, le chef germain. L'expression sorabe *hoborski muz* ne fait au surplus que traduire, ou plutôt slavoniser l'Obermann.

Olbora, droit du fisc sur les mines, mot aussi étrange en polonais qu'Aluber peut l'être en breton, donne à croire que ce cruel Obermann assujettissait les vaincus au travail

---

génèse, ce qui produit comme un jet de clarté dans la nuit du passe.

Luu (f. t.) os; *luukos* petit os, malléole; *luku* (t) osselet. *Laud* (t) les os; squelette, carcasse (même d'un balai) ; ce qui est en os, le dé, le crucifix, le crâne, etc.

Luudun, luudun, luudun, luunnun (f) s'ossifier, être en os, — durcir. *Luuva* (et *luva*) aire à battre le blé (= durcie). *Luunen* osseux, tout en os, decharne. *Luuvana* luxation. *Luustan* souffrir des douleurs dans les os, etc.

Je recueille à dessein toutes les formes où la racine *luu* ne saurait être méconnue. On n'y decouvre plus ces mêmes lois phonétiques, dont chez nous on sait trouver si bien l'empreinte sur chaque mot (même quand elle n'y est pas) Qu'on veuille remarquer l'art merveilleux de la dérivation des mots finois Il n'est pas necessaire d'y accrocher syllabes sur syllabes, ou souder des mots entiers, comme dans les dictionnaires contaminés ou refondus dans la mêlée des nations. L'instinct créateur de première main, conscient de la valeur de simples lettres, sait, en y touchant à peine, modifier du tout au tout la signification d'un mot. C'est là le caractère, méconnu mais certain, d'une langue réellement primitive ; celles dont le chinois est le type, loin d'être le *primum momentum* de la parole, en sont la vermulure. Mais reprenons :

Luisti (f) patin « *solea ferrea vel ossea qua pueri sese in acie agitant.* »   *Lyza, lyzva* (s) patin.

dans les mines. Avec le temps les *Leudes* (les Loudiers) sont devenus vassaux.

Obrimos, fort, puissant, violent, en grec, semble appartenir au même groupe ; ce qui donnerait aux événements un point de repère. Des significations, à saveur aussi agreste, ne pénètrent plus dans l'idiome d'un Hérodote par exemple ; et cependant la Grèce devait avoir déjà des relations étendues, comparables au moins à celles de l'époque où chantait Homère, pour que l'écho de la terreur des Germains arrive, tout palpitant, des plages de la Baltique aux rives de la mer Egée.

La présence en breton d'un terme similaire à *olbrzym* dénonce une haine commune, c'est-à-dire comtemporaine, que d'autres mots semblent confirmer :

Luska, lusikka, lusikkainen (f), cuillère.

Lech, leich (b), *loszka* (r) appendice xyphoïde, dur osselet ayant la forme du glaive et souvent perce d'un trou a son milieu.

Looda, luuda (f) plat, écuelle : vaisselle creuse. *Luodin, luotin, luotet* (f) gobelet, baillote ; coutre ou soc de charrue ; pelle, bêche.

Loa, loué, lui (b. gael). *Losse, laosse, lousse, louche* (pat. fr.). *Lyza, lozka, leszka* (s) cuillère.

Louche (fr) outil de tourneur pour agrandir les trous ; *losse* outil de tonnelier pour en percer. *Louchet* sorte de hoyau pour fouir la terre ou faire des rigoles. *Lezvée* (r) le tranchant, le taillant. *Lesna* (esp.), *lesina* (it.) alène.

Lod, loda (sor) boîte, cassette. *Ladle* (ang) cueiller à bec, pochon. *Louchet* (fr) godet dont on arme la chaîne des dragues ; *louche,* sorte d'écuelle à long manche, pour répandre l'engrais liquide. *Lade* (al.) coffre, caisse, *Laden,* volet (ouvrage de menuiserie). *Les, lies* (y.s.) cercueil. *Lose* (en wallon) sorte de bêche.

Premiers outils et première vaisselle, vers l'âge des rennes probablement *Losse, louche, louchet,* osselet conique qu'on enchassait convenablement pour perforer ou creuser le bois. *Luotel,* une large

Salbe, en allemand, ȯnguent (de sauge, *Salbey).*

Salbader,   id.   charlatan (fait en slave *szlabader).*

Szalbierz (p), imposteur, charlatan, filou.

Szibal (cz), imposteur, charlatan, filou.

Szibavez (y.s.), imposteur, filou, escarpe.

Sebeza (b), surprendre, éblouir, tromper.

Les *Kulturträger,* les colporteurs de la civilisation, avaient débuté par colporter l'orvietan, — avec un égal succès. Les mots paraissent très-altérés : c'est qu'en slave aussi bien qu'en breton, ce sont des mots étrangers, intraduisibles en euphonie du crû. Le chrétien est bien devenu en lithuanien *krikszczonis;* et Jésus s'est transfiguré chez les Finois en *Kies.*

Moins frappante, l'altération internationale n'en est par-

---

côte de renne, propre à servir de coutre ; *luisti,* une côte plus petite, attachée au pied en guise de patin. *Loa, lusha, leszka, lyzha* (diminutifs), une petite fausse-côte, pour retirer la moelle des os longs, une spatule plutôt qu'une cuillère. *Luodin,* pelle ou vaisseau, et en réalité l'os du front. Emmanché à un long bâton, il pouvait servir de pelle ; avec un manche plus petit, c'était une louche à soupe, la nôtre en garde encore la forme ; et sans manche, le frontal, d'un ennemi peut être, servait de gobelet ou d'écuelle. Voici du moins une raison de le croire :

Disette de noms propres, les choses se multipliant encore plus vite que les mots, ou moyen naturel de mnémonique et de science primitive, les vieux noms servaient à plusieurs fins ; le nom du genre passant aux espèces et en remémorant ainsi la qualité commune. *Luodin, luotin,* a fait de cette manière : *lodi,* barque en tchoud; *luota* bachot en finois ; et *lodz, lodka,* nacelle en slave, où cependant, à côté du terme ouralien, s'est produit et s'est maintenu sa traduction en slave : *Czoln, czolno, czolnik,* nacelle comme *lodka,* mais littéralement frontal. *Luodin* devait l'être aussi.

Comme ce dernier en finois, en français *louche* et *louchet,* signifient à la fois un godet et un outil coupant. Cette singulière coïncidence ne peut que fortifier l'idée d'une origine commune. La différence phonétique prouverait seulement que la langue des Féniens, dialecte ouralien, n'était pas cependant le suomi actuel.

Il apparaît également que les outils donnaient souvent leur nom aux produits fabriqués. *Loudi, looda, looid, loud, lod,* table, planche, éclisse, bardeau, encadrement; *luod pud* (puu *lignum*), devidoir, fois que d'autant plus fallacieuse. Le protoplaste de l'art poétique en Europe, l'improvisateur préhistorique, l'augure, l'enchanteur, le magicien : *Baï, Baiarz, Baïats* — on l'appelle *Baiazzo* à Venise, *Païatz* dans toute l'Allemagne, et *Paillasse* à Paris, où il est devenu le plastron de Béranger :

> « Paillasse mon ami,
> « Ne saute pas à demi,
> « Saute pour tout le monde ! »

Et pour comble de disgrace, M. Littré lui inflige l'étymologie que voici. Ainsi dénommé « parce qu'il est ordinairement habillé d'une toile à paillasse ou à matelas ».

Je dois justifier l'assertion que Celte et Gaulois ont le même sens : tâche aride mais essentielle.

Il paraît que les Anciens prenaient volontiers deux noms,

---

etc. c'est toujours une nuance de *luud*, les os; c'est-à-dire les instruments en os et les objets travaillés avec.

Luu os, et *luusi, luuset*, art magique, sorcellerie — pot de vin ! Cf. à l'âge du fer · *kuznik, kovar*, sorciers, — et *kuban* (p), *cambin* (for) pot de vin. Corruption préhistorique.

Luu os, *luuki* osselet, et *luku* nombre. *Luen, lukea*, compter sur les doigts, calculer, lire, étudier les belles-lettres *Lukenut* savant. On se servait des osselets pour compter au lieu des calculs ; et savoir calculer passait (et passe encore) pour une très grande science.

Luuki osselet, et le vide opère en creusant avec. *Luoik* fossette, *lukha* ouverture, lacune. *Luko* une petite vallée profonde, — un etang. L'art des étangs serait-il préhistorique ?

Luk, lyuk, perforation en magiar; *lukni, lokni, lokhodni*, trouer, percer, frapper. *Loukhan* en finois, frapper, blesser. *Lukh, luhat*, en tchoud, heurter, attaquer, percer. Et *luh, luuh, loh*, en slave, l'arc a tirer les flèches. Une tige métallique y remplace plus tard le bois. et *luk* devient *kussa*, arbalete.

Luuki osselet, *luki* court, petit ; *lyuki* (m) nain. Et *Lokietek*, un grand roi polonais de petite taille. La valeur de tous ces termes, lettre close aujourd'hui, ne l'était pas entièrement à la fin du XIVᵉ siècle. - *Luoden kanto* en finois (= ossature anguleuse), enfant changé en nourrice, « *infans matre dormiente à Magis suppositus, qualem putant esse infantem rachitidi laborantem* », maladie dans toute l'Europe réputée moderne — et anglaise ! Elle est pourtant bien ancienne, puisque le nom qu'elle porte en Bretagne, *leac'h, lec'h*, est d'origine ouralienne.

+un nom de tous les jours et un nom d'apparat. Les exem-
,ples abondent. Les Loudiers, en cérémonie, se déclaraient
Slaves : gens qui parlent supérieurement. Eh bien ! les noms
de Celte et de Gaulois, semblent n'avoir été qu'une traduction, de langue à langue, de cette même idée :

1° *Sloviti*, parler, glorifier, autrefois chanter. *Slovo* parole ,
slava gloire, *slovik* rossignol.

1° SLAVES.

2° *Gadati* parler , deviner,
chanter. *Gudas* (l) le Slave (=
qui parle) ; *gaïdys* le coq (= qui
chante, cf. *gallus*). *Gadatel*, *ga-
telaz*, *hadacz*, *hudak*,etc., devin.

2° GAULOIS. Cf. *Gao-
idheal*,Irlandais,devenu
Gaël en Ecosse, et *Ga-
delius* en latin du
moyen-âge.(Gadelius=

Loket (s) cubitus, et *luuku* (f), *luk* (t), *lock* (ang), *lakat* (m), serrure.
Serrure primitive, à mouvement de coude, un *loquet*.

Il y a encore en suomi *lukkaro*, un petit rabot à planer; *luiku*
siffiet, *luikuri* chalumeau, — et *lukkari* chantre d'église (où *torkkari*
est l'officier spécialement chargé d'éveiller les dormeurs au sermon).

Un verbe, certainement contemporain, résume et idéalise tout cet
outillage osseux, *Luon*, *luoda* — sans équivalent dans nos dictionnaires — indique le commencement, la mise en train de différents travaux. De même qu'en français ourdir signifie disposer l'ouvrage de
la toile, ou de la soie, ou de l'osier — ou d'une trahison : *luoda* en
finois, signifie garnir une quenouille, *ourdir* un filet, une toile ou
même une chaussure. C'est encore racler, nettoyer, creuser, travailler
la terre, traverser la rivière, chauffer de l'eau, enlever le fumier,
ramasser le foin, — saluer ou dire adieu. *Luonto* instinct, génie, nature, — vertu magique. *Luotu* destinée. *Luoia* créateur, *luodut*
création.

Jumala loi taivaan ja maan.
Dieu créa le ciel et la terre.

En y travaillant avec un outil en os. L'emploi de *luoda* pour créer
(*loot* en tchoud, culte religieux), a un suave parfum de l'âge des
rennes : mais ne laisse pas de nous faire entrevoir, derrière l'épais
voile des temps incalculables, un état social auquel il ne manque
plus rien d'essentiel. L'exubérance même des significations de *luoda*,
qui semble inventorier les occupations habituelles de l'époque, prouve
qu'avec l'adoption de l'outillage en os, a pris naissance une large

Gadula bavard. *Godone* (b) hableur, (devins qui ne devinent pas).

gadlus = gallus ? Cf. *godalo* et *godlo*, énigme).

3° *Keletin* (f), parler beaucoup; *keletti* bavard. *Költeni* (m) déclamer, faire des vers.

3° KELTES, CELTES.

On voit bien que tout cela, *Gaidys* et *Gallus*, *Gaulois* et *Gudas*, *Slave* et *Celte* enfin, provient d'une source au moins analogue. Comparons encore :

Cluo (lat.) être réputé, ..*clamé*.

Kluo (gr.) entendre, écouter.

Kalaoui (b) publier, raconter des fables.

Selaoui (b), *klouin* (gael.) entendre, écouter.

---

production économique, le travail vraiment créateur de la civilisation. Le mérite en revient aux Fénians, les Loudiers paraissant avoir conservé bien plus longtemps d'importants outils en pierre :

En finois *loukhu* la broie, *luotet* soc de charrue. En *luu*, en os.

En slave *lamka* la broie, *lemech* soc de charrue. En pierre ; cela ressort des rapprochements que voici :

Lamati, lomuti, lemiti (s), casser, détacher, débiter, — exploiter une carrière. *Lomar*, tailleur de pierre. *Lomka*, carrière. *Loma* (l), excavation. *Loman* (sr), brise, et pierreux.

En breton *lama, lamout, lamein, lemel*, retrancher, enlever. Cf. encore *to lam*, (ang) frapper ; *lame*, estropié.

Et voici quelques instruments en *lam*, en *lem*, c'est-à-dire en éclats de pierre :

Lemczello (m), coupoir.

Lemiesz (p), coutre.

Lemm (b), le tranchant, le taillant, le piquant d'un outil.

Lame (fr), doit en être. C'est bien une feuille, une tablette, mais c'est aussi le tranchant ; et dans le dictionnaire latin, le mot semble isolé.

Tout ce qui précède se rapporte aux origines de la civilisation. Voici cependant une couple de mots qui en signalent la marche ultérieure :

Tovi (l) chemin; *toveri* compagnon de route, associe, époux.

En slave : *tovarh, tovarus, tovarzysz*, 1° compagnon, associe, époux ; 2° marchandises, bagage, charge d'une bête de somme, 3° ane, ânesse, quelquefois une autre bête de somme

Kelään (f) décrier, *clamer*.

Kuulen (f). *Hallani* (m) entendre, écouter.

Slu... (s) l'un et l'autre : (*sluham, slowim, sluiem,* etc. ; avec cheva, cf. *slovik* et *solovei*).

La parole est la définition de tout ; un dictionnaire est le recueil et le trésor des intuitions populaires. Les mots confrontés en dernier lieu traduisent l'idée, confirmée par la physiologie de notre époque, qu'émettre la parole et l'entendre, est presque une même fonction. Tous ces verbes viennent de *Kel* langue, l'organe de la prononciation. *K* s'altère entre *kel* et *slow*, comme entre *kelaoui* et *selaoui*, entre *kelte* et *celte*. La différence entre SLAVE et CELTE, malgré l'identité du radical, vient simplement de ce que le paradigme des participes ouraliens et indo-slaves, ne se

---

Cf. *Droga* (s) chemin ; *druy, druh*, camarade, associé, époux. *Druthe*, dans la loi salique, *minister sponsæ*. *Droguai* (pat. de Fourgs), cheminer. Donc, *drogueries,* marchandises comme *tovary*, — choses venues de loin, qui ont voyagé, — à dos d'âne ordinairement.

Commerce préhistorique. Les mots sont si anciens que personne n'en soupçonne le vrai sens, ni en France, ni ailleurs: leur emploi vulgaire et commun n'en accuse pas moins une tradition ininterrompue. Avant l'ère historique, comme depuis, la marche de la civilisation fut mainte et mainte fois profondément troublée, par les invasions orientales notamment ; mais tous nos dictionnaires protestent qu'elle ne fut jamais complètement interrompue.

Seep (t) bile................ *Seep* (t) savon.
Sappe (lapon) bile........... *Sapa* (sc.) savon.
Sapi (f) bile............... *Sapun* (v-r.) savon.
(*s*)*Epe* (m), bile .... *Szappan* (m) savon.

Le fiel servait de savon, nos ménagères l'emploient encore de cette manière. Et le nom même du savon (*Sapone, sabon, xabon, sabao, salboina* (basque), *soap, seife, zeppe,* etc. en Europe ; *Savaun, sabun, tsapono,* arménien, persan, arabe, syriaque ; *savin* dans l'Inde, etc.), n'a pas d'autre origine. Ce goût antique de propreté dénote à lui seul une société raffinée déjà : puisque en plein XIX° siècle et en pleine Europe, des millions d'hommes aiment mieux tremper, une fois pour toutes, leur chemise dans du goudron, plutôt que de la laver chaque semaine.

ressemblent nullement. (Cf. *sluh* (s) et *kuulto* (f) l'ouïe).
Enfin si Keletti est babillard et gascon, Keulteu est poète :
mais les Fénians ayant à traduire dans leur idiome le nom
des envahisseurs, n'étaient pas sans doute très-disposés aux
compliments. Et il ne faut pas se dissimuler, qu'aujourd'hui
encore, les Loudiers (de l'un et l'autre sexe), laissent rare-
ment échapper une occasion de discourir à perte d'haleine.

———

Le peuple né du mariage du Tud et du Lud domina
l'Europe nombre de siècles. La Celtique, dit Plutarque,
s'étendait de la mer extérieure aux Palus Méotides et à la
Scythie Pontique. Gâté par la prospérité, il s'émietta en
turbulantes républiques, et devint la proie de la Louve
romaine.

La conquête romaine lui rendit la discipline ; la conquête germanique lui donna la monarchie ; et il put ainsi,
sous un autre nom, redevenir la grande nation. Il est du
moins comme Thémistocle, à qui tous les rivaux accordaient
unanimement le second rang, — chacun se donnant le
premier à soi-même.

———

Nous sommes loin des Barbares et de leur mirifique
Orient. Puissent-ils s'y trouver bien, et n'en plus sortir jamais
(pas même pour « submerger le rivage »). Mais n'y comp-
tons pas trop. Les hommes auront bien changé, si en devenant forts, ils n'éprouvent plus une terrible envie de mettre
leur force à l'épreuve. La Providence l'a voulu ainsi pour

tenir en haleine nos énergies viriles — et pour accomplir ses dessins.

« Tout annonce, dit de Maistre, que nous marchons vers une grande unité que nous devons saluer de loin. Nous sommes douloureusement et bien justement broyés : mais si de misérables yeux, tels que les miens, sont dignes d'entrevoir les secrets divins, nous ne sommes broyés que pour être mêlés. »

www.ingramcontent.com/pod-product-compliance
Lightning Source LLC
LaVergne TN
LVHW021707080426
835510LV00011B/1642